LA
BARONNE

ET

LE BANDIT.

PAR RABAN.

Tome Troisième.

Paris.

DEPÉLAFOL, LIBRAIRE-ÉDITEUR,

Rue Git-le-Cœur, n. 4.

1833.

LA

BARONNE

et

LE BANDIT.

IMPRIMERIE DE P. BAUDOUIN,
Rue et hôtel Mignon, n. 2.

LA
BARONNE

ET

LE BANDIT.

PAR RABAN.

Tome Troisième.

PARIS.
DÉPÉLAFOL, LIBRAIRE-ÉDITEUR,
Rue Git-le-Cœur, n. 4.

1833.

LA BARONNE

ET LE BANDIT.

CHAPITRE PREMIER.

Un Directeur.

C'est une chose prodigieuse que l'amour-propre; il se fourre partout, s'empare de tout; à défaut

des choses, il se jette sur les mots.
Les marquis se font appeler ducs;
les perruquiers s'intitulent coif-
feurs; les apothicaires sont des doc-
teurs en pharmacie; les mouchards
sont des officiers de police, et les
geôliers veulent à toute force s'appeler directeurs. C'est une épidé-
mie qui date de loin et qui va croissant. Après tout, il n'y a pas grand
mal; ce qu'on n'est pas aujourd'hui
on le deviendra demain.

Qui diable, par exemple, pourrait empêcher un épicier de devenir capitaine, une catin de devenir comtesse, un sot de devenir

académicien, un valet de devenir ministre? Nous voyons cela tous les jours; c'est dans l'ordre, et l'ordre est une si excellente chose!... J'entends l'ordre légal tant vanté des ânes en robe noire, et l'ordre public qui se fait d'ordinaire à coups de sabre, coups de fusil, coups de canon; cet ordre public qui enfante les bonnets à poil, les revues, les patrouilles, les cocus et les rhumes de cerveau.... Je reviens à messieurs les directeurs.

Il y a à Paris trois, six, dix, vingt prisons, qu'importe? ce qui abonde ne nuit pas; on n'a jamais trop de bonnes choses. Mais ce n'est pas de cela qu'il s'agit : les prisons sont matières brutes, les directeurs... Il y a matière et matière : n'est pas qui veut matière à faire des directeurs de prisons. Ces messieurs-là se font trente mille fr. de rente : j'en connais un qui est millionnaire. C'est de l'un de ces messieurs que je veux parler.

C'était un gros et vigoureux gaillard qui avait fait son éducation sous les verroux, et qui avait conquis tous ses grades les clefs à la main. Il maniait fort savamment le bâton, assommait un homme d'un

coup de poing, faisait très-pro-
prement son métier de directeur,
et s'appelait Martin. Un jour que,
dans son cabriolet, il traversait le
boulevart, au grand trot d'un excellent cheval, une jeune, jolie et
très-élégante dame se laissa effleu-
rer par l'une des roues, poussa un
grand cri, et tomba sur le pavé...
c'était Aline.

Le peuple s'amasse, le cabriolet
est arrêté, et force est au directeur
de mettre pied à terre. Il s'appro-
che, afin de s'assurer de la gravité
du dommage dont il se souciait peu
cependant, attendu que les loups

ne se mangent pas , et que mou-
chard et geôlier sont de même famille.

— Canaille ! disait un chiffon-
nier , ça vous marcherait sur le
corps sans dire gare...

— Pauv' p'tite mère , disait un
décrotteur, en présentant à Aline
un verre d'eau - de - vie, elle l'a
échappée belle tout d'même !.....
Avalez-moi ça, mademoiselle, ça
vous r'mettra l'cœur.

— Allons, il n'y a pas de mal,
dit monsieur Martin.

—Quiens ! y n'trouve pas qu'c'est assez !... que ne r'commences - tu, grigou !

— Ca n'a pas pus d'entrailles que dessus ma main quoi !...

— Faut l'mener au corps-de-garde.

— Chez l'commissaire, l'cabriolet...

Les têtes se montaient ; l'un tenait la bride du cheval, un autre s'était emparé du fouet, un troisième prenait, sans plus de façons, monsieur le directeur au collet.

— Ce n'est rien, presque rien, dit Aline; je crains seulement de m'être foulé le pied droit; mais si monsieur est assez bon pour vouloir me conduire chez moi...

— Eh ben! y f'rait beau voir qui n'vous r'conduise pas!... V'là-t-y pas une grande punition!

Monsieur Martin devait en effet se trouver fort heureux de s'en tirer comme cela. Il s'approcha de la jeune femme, la prit dans ses bras, et en un tour de main il l'eut placée dans son cabriolet.

— Cela vous retardera un peu,

monsieur, et je suis vraiment dé-
solée...

— Oh! il est certain que ça ne
m'avancera pas; mais enfin on n'est
pas un turc... Où allons-nous?

— Près du Luxembourg.

— Et nous sommes au boulevart
des Capucines!... excusez du peu.

Quoique fort mécontent, monsieur le directeur s'avisa, pour la
première fois, de regarder Aline,
et sa mauvaise humeur diminua
sensiblement.

III.   1*

— Elle est b........t gentille tout de même, se dit-il, sans compter qu'elle ne fait pas la bégueule...

— J'aurais pu envoyer chercher ma voiture, reprit la jeune femme; mais il me tardait de vous voir hors des mains de ces gens qui vous menaçaient.

— Ah! ah! se dit encore mentalement monsieur Martin : je vois ce que c'est... sa voiture... près du Luxembourg... quelque jeune marquise du faubourg St.-Germain...

Et il regarda de nouveau Aline

qui, à vrai dire, n'avait jamais été
aussi jolie. Les yeux de monsieur
Martin commençaient à briller
comme deux tisons : il se reculait,
se rapprochait de sa belle compa-
gne, fouettait son cheval qui allait
comme le vent, et cherchait dans
son épais cerveau ce qu'il pourrait
dire pour n'avoir pas l'air d'un gou-
geat ; mais il était si rare qu'une
idée allât se loger là-dedans, qu'il
n'y trouva rien. A défaut de paroles, ses regards allaient leur
train, et il hasardait même, pour
la troisième ou quatrième fois, certain *hum! hum!* qui ressemblait
quelque peu au grognement d'un

animal immonde. Il se persuadait
que cela voulait dire quelque chose.

— Cela va peut-être déranger
vos projets, monsieur? dit encore
Aline après quelques instans de silence.

— Du tout... c'est-à-dire.... moi
d'abord, je n'ai jamais de projets...
D'ailleurs la beauté est une chose
que... une chose pour laquelle.....
C'est seulement pour vous dire que
j'allais dîner à Bercy avec des lapins
qui n'ont pas beaucoup de patience, ce qui fait que... enfoncé!...
on m'appellera sous la table, et
allez!...

— J'espère alors, monsieur, que, en échange du dîner qui vous attendait, vous voudrez bien me faire l'honneur de partager le mien.

— Hum ! hum !... madame, c'est beaucoup d'honneur que... certainement...

Et de peur de dire de trop grosses sottises, il continua mentalement :

— Coquin de sort ! il n'y a pas d'affront ! ça ne marche pas trop mal , et je commence à croire que nous en découdrons entre la poire et le fromage... C'est qu'elle est gentille comme un cupidon, foi de directeur! et riche avec ça... Nom d'un nom! qu'ils dînent à Bercy tant qu'ils voudront, ils n'auront pas un pareil dessert... Dam! on ne se fait pas; je suis comme ça moi!.. quand une femme a le malheur de me regarder, c'est une affaire bâclée! je la tiens...

— Ainsi vous acceptez, monsieur? reprit Aline.

— C'est arrangé.... moi je ne sais pas ce que c'est que de faire

de la peine à la beauté... Dieu, la
beauté !... je suis passionné pour
la beauté !... Après cela, faites-moi
l'amitié de me dire comment il me
serait possible de vous refuser quelque chose?... Quand je vois ces
jolis yeux, quand je vois cette petite bouche si gentille, quand je
vois cette peau si blanche et ces
cheveux si noirs...

— Oh! monsieur, vous êtes un
terrible louangeur!

— C'est comme j'ai l'honneur de
vous le dire, foi de directeur!

— Ah! monsieur est directeur?

— Directeur d'une prison superbe, madame, pour vous servir ; la plus belle prison de Paris.

— Cela me fait penser que les prisons sont les seules choses que je n'aie pas visitées.

— Eh bien ! je vous ferai voir ça quand vous voudrez ; c'est pas mal curieux tout de même et amusant...

—Nous voici arrivés, interrompit Aline ; la première porte cochère à droite.

— La porte ! cria le geôlier d'une voix de stentor.

Et le cabriolet entra dans la cour d'un superbe hôtel. Monsieur Martin mit pied à terre ; Aline s'élança légère comme le Zéphire.

— Bon ! pensa monsieur Martin, il paraît que le pied va bien ; elle n'y pense plus... Il est vrai que je lui ai mis bien autre chose en tête depuis un quart d'heure !

On monta un escalier magnifique, et l'on pénétra dans un appartement somptueux.

— Permettez-moi de donner quelques ordres, dit Aline.

Et elle laissa le directeur dans un salon richement meublé.

— Je ne me suis pas trompé, se disait monsieur Martin en regardant autour de lui, c'est une marquise au moins... peut-être une duchesse... Allons, Martin, mon ami, de l'aplomb.... La belle dame en tient, la chose est claire; marchons ferme, et ne la faisons pas languir.

Aline reparut; et l'on vint bien-

tôt annoncer que le dîner était
servi. Monsieur Martin fut alors
introduit dans une petite pièce où
le jour ne pénétrait qu'au travers
de persiennes et de triples rideaux.
Deux couverts seulement étaient
mis, et la table chargée des mets
les plus délicats. Obéissant à son
instinct, le directeur oublia pour
un moment les beaux yeux, la jolie
bouche, etc., qu'il avait vantés; il
il ne dit pas un mot, prit à peine
le temps de respirer, et mangea
comme un ogre. Aline, craignant
qu'il n'étouffât, prenait elle-même
la peine de lui verser à boire. Enfin il s'arrêta; son visage était en

feu, et les yeux lui sortaient de la tête; il se sentait tout l'aplomb nécessaire pour mener les choses à bonne fin, et le vin de Madère aidant, il entama la conversation avec beaucoup de résolution.

— Faut convenir, madame, que le hasard est un particulier qui a quelquefois de bons momens!... Quand je pense que je n'avais pas seulement l'honneur de vous connaître il y a deux heures, et que maintenant... maintenant je ne sais pas encore qui vous êtes; mais...

— Je suis veuve d'un officier supérieur, le colonel d'Estanval, tué dans la dernière campagne. J'ai eu à peine le temps de connaître mon mari, et depuis sa mort je vis dans la retraite....

— Et alors vous vous ennuyez... c'est bien naturel!.. Jeune, jolie, veuve... et vivre dans la retraite...

— Que voulez-vous? les véritables amis sont si rares!...

— Ça c'est vrai; les véritables amis, ça ne se trouve pas aisément... Cependant, si j'osais vous dire un mot de la chose... touchant l'amitié réciproque... moi d'abord j'ai senti tout de suite que je vous aimerais à l'adoration, et Martin peut se vanter d'être un ami solide.

— Mais, monsieur, nous nous connaissons à peine...

— Pardonnez-moi : vous avez l'honneur d'être madame d'Estanval, et j'ai l'avantage d'être monsieur Martin ; la chose est claire comme le jour.

Aline se mordit les lèvres pour ne pas éclater de rire, et se cacha le visage dans son mouchoir comme

si elle eût craint que son galant
convive remarquât la rougeur de
son visage.

— Ça va bien, se dit monsieur
Martin; elle rougit, c'est bon signe.... C'est que c'est fameux une
veuve,..... qui a voiture..... Il faut
battre le fer pendant qu'il est
chaud.

Et s'efforçant de donner de la
grâce à sa physionomie, il dit en
s'emparant de l'une des mains de la
jeune femme.

— La flèche de vos yeux a percé

mon cœur; je vous jure amour et
constance, et vous prie de croire
aux sentimens avec lesquels j'ai
l'honneur d'être....

Il baisa la main qu'il tenait, et
se rengorgea, très-content de ce
qu'il avait dit; jamais il ne s'était
trouvé autant d'esprit.

— J'espère qu'en voilà un tapé!
pensait-il. Encore quelques uns de
cette force-là, et..... suffit! La petite mère n'est pas de glace.

Et à l'aide de quelques verres de
vin, il tenta de stimuler son éloquence; mais ce fut inutilement.

Aline .eut pitié de lui, d'autant plus qu'il n'entrait pas dans son plan que les choses en restassent là.

— J'avoue, monsieur, lui dit-elle, que la société d'un homme aimable me rendrait la vie plus douce.... Il est si cruel d'avoir le cœur vide !... Faibles créatures , qui ne savons qu'aimer et souffrir, nous avons besoin d'un appui dans le monde....

— Justement ! appuyez-vous sur moi, et fichez-vous du reste.

Pour le coup, Aline ne put s'empêcher de rire aux éclats.

III. 2

—C'est que, voyez-vous, reprit-
il en se levant, il ne faudrait pas
qu'on s'avisât de vous chanter
pouille et de faire des cancans rela-
tivement à la chose... Je vous aime,
vous m'aimez, nous nous aimons,
ça nous regarde; et le premier malin qui viendrait y mettre le nez...

Aline riait à en perdre la respiration, et monsieur Martin trouvait que c'était bon signe.

Le temps s'écoulait; la nuit ap-
prochait; déjà l'on ne se voyait plus
dans la jolie petite salle à manger;
mais les convives étaient si près l'un

de l'autre, que la lumière eût été de
trop. Le directeur s'enhardit de plus
en plus, et Aline était si bonne fille
qu'elle ne se plaignait pas. Cependant, comme il lui importait de ne
pas succomber si promptement, elle
sonna ; on apporta des flambeaux,
et le pauvre directeur se vit forcé
de remettre à un autre jour le dé-
nouement de cette histoire qu'il
trouvait charmante.

CHAPITRE II.

L'Amour et la Prison.

—

Il y avait plus de deux heures
que monsieur Martin était couché,
et il ne pouvait dormir; il se tour-

nait et se retournait dans son lit,
pensant à la charmante veuve d'un
officier supérieur qu'il avait eu le
bonheur de renverser avec son cabriolet, et dont il était adoré depuis ce moment-là. Le cœur d'une
femme est un mystère impénétra-
ble ; aussi monsieur le directeur ne
cherchait-il pas à s'expliquer comment et pourquoi la jolie femme se
trouvait éprise de lui. Ce n'est pas
que s'il eût voulu à toute force chercher des raisons, il n'en eût trouvé
de fort satisfaisantes, telles, par
exemple, que son air martial, à
lui, directeur Martin ; sa barbe
noire, son habit vert d'eau, et par-

dessus tout cela son éloquence, son esprit, son audace, sa grâce à conduire un cabriolet, son nez camard, ses yeux faïence, etc., etc. Il y avait, comme on voit, mille raisons pour une qu'il lui eût été très-facile de trouver à l'instant; mais monsieur Martin n'était pas homme à prendre la peine de les chercher.

— Elle m'aime, disait-il, et elle a raison; car je suis fort aimable de mon naturel; mais les femmes sont légères et capricieuses en diable, et c'est pour cela que, en amour, il faut brusquer les choses... Voyons, que dois-je faire maintenant?... lui écrire des choses superbes..... des lettres à lui mettre l'esprit sens dessus dessous.... Ça n'est pas difficile; car je ne laisse pas d'avoir b......t d'esprit quand je m'en donne la peine ; mais il y a *cette gredine d'orthographe* qui me tarabuste... Que le diable emporte l'animal qui a inventé ça..... Si je risquais le cadeau ?.... Du tout, du tout !..... ça irait un peu trop loin !...... une femme qui a voiture.... Je lui donnerais pour deux mille écus de bijoux qu'elle ne se croirait pas obligée de me dire merci.... Ce gueux de Larose est bien heureux de savoir l'orthographe.... Eh bien ! qui

est-ce qui m'empêche de le faire
écrire? Ça me coûtera à déjeûner,
et tout sera dit.

Monsieur le directeur, enchanté
de cette idée, passa sa robe de
chambre et descendit au premier
guichet, sous le prétexte d'inspecter
le service.

Larose était un estimable brigadier porte-clefs, fashionable de
cabaret, Lovelace de barrière, qui
se vantait à tout propos de ses bonnes fortunes, disait beaucoup de
mal des femmes, tenait la plus
vertueuse pour une catin entêtée,

et prétendait n'avoir jamais trouvé de cruelles........ Il est juste de dire qu'elles sont d'ordinaire excessivement rares dans les classes où monsieur Larose avait ses coudées franches.

— Mon ami, lui dit monsieur Martin en l'entraînant dans le mur de ronde, mon cher Larose, vous pouvez me* rendre un bien grand service.

Larose se caressa le menton, ôta sa casquette, passa sa main dans ses cheveux, et se dit mentalement :

— Il fait le capon, c'est bon signe : il a besoin de moi, ça ne m'étonne pas; car sans moi, il est certain que le service irait comme il pourrait..... Voyons-le venir, et tenons-lui la pointe au corps.

— Vous comprenez, mon vieux, reprit monsieur Martin, tout l'avantage qu'il peut résulter pour vous d'un service rendu à votre supérieur?....

— Je comprends, c'est vrai, attendu que j'ai l'oreille fine, et l'esprit délié, Dieu merci. C'est pourquoi, quand vous m'aurez fait l'amitié de me dire de quoi il s'agit....

— Mon cher Larose, il s'agit d'une femme charmante!

— Ah ! ah !

— A laquelle j'ai manqué de casser les reins....

— Bravo ! vous êtes dans le bon chemin....

— Pardieu ! je le sais bien, puisque j'ai dîné hier en tête à tête avec elle..... Une femme charmante, mon ami.... une femme qui a cinquante mille francs de rente, hôtel, voiture, tout le tremblement.... la

veuve d'un général..... elle n'a pas
vingt-cinq ans....

— Qu'est-ce que vous me chan-
tez donc là?..... Est-ce que Larose
est un cornichon capable de donner là-dedans comme un simple?...
Règle générale, une femme de cet
acabit-là ne se laisse casser les
reins par personne.... Il est encore
bon là le directeur !

— C'est pourtant comme cela,
Larose ; et vous me comprendrez
quand je vous aurai expliqué la
chose.

— A la bonne heure ! fallait donc commencer par là.

Alors, monsieur le directeur raconta à son subordonné tout ce qui s'était passé entre lui et la prétendue veuve ; il vanta fort, comme de raison, le bon dîner, l'excellent Madère et la jolie figure qui l'empêchaient de dormir, et il finit par prier Larose de lui tourner, pour la charmante veuve, un billet doux qui achevât de lui faire perdre la tête.

— Il y a un petit inconvénient, dit le brigadier ; c'est que je n'ai jamais écrit à des femmes de général, ce qui fait que je ne sais pas trop par où il faut les prendre.

— Tonnerre ! prends-la par où tu voudras ; pourvu qu'il y ait de l'esprit, et surtout de l'orthographe....

— Oh ! ne vous fâchez pas ! Dieu merci ! l'esprit c'est mon fort, et vous savez bien que je suis à cheval sur l'orthographe.

— Eh bien donc, à la besogne.

Larose rentra, prit une plume, de l'encre et du papier, tira la lan-

gue, se gratta l'oreille, fit semblant
de penser, et écrivit :

« Madame,

« Mon cœur brûlant m'empê-
« chant de fermer l'œil, j'ai l'avan-
« tage de mettre la main à la plume
« à l'effet de me rafraîchir d'un
« mot de sentiment.

« Divin amour, viens guider ma
« plume, et chante les louanges
« de la beauté ! car la beauté, c'est
« mon élément ; je vis par la beauté,
« je vis pour la beauté... Et pour-
« tant, ô ingratitude perfide et in-

« compréhensible ! c'est la beauté
« qui me tuera !.... Oui, madame,
« il est inutile d'aller par quatre
« chemins ; c'est pour vous que je
« vis, et c'est vous qui me ferez
« mourir, si vous ne permettez à
« ma flamme de jeter une étincelle
« dans votre cœur...... Je ne dors
« plus, je ne mange plus, et je bats
« la breloque les trois quarts du
« temps ; croyez-vous qu'on puisse
« aller loin comme cela ?...... L'a-
« mour et l'eau claire sont des co-
« mestibles antipathiques et inco-
« hérens, capables de me faire
« sécher sur pied. Si donc vous
« ne m'avez pas condamné à mou-

« rir de langueur, faites que la ro-

« sée de vos sentimens se répande

« sur ceux avec lesquels j'ai l'hon-

«•neur d'être, madame,

Votre très-humble et obéis-

sant serviteur,

« MARTIN. »

Dire la joie d'Aline quand elle

reçut cette merveilleuse épître, le

rire fou que provoqua chez elle

chacune de ces phrases, serait

chose impossible. La bonne fille se

pâmait; elle faillit étouffer, et il

fallut en toute hâte la débarrasser

de son corset. Puis, quand cet accès
de gaîté fut calmé, elle répondit
avec beaucoup de sang-froid à monsieur Martin, et lui rappela le désir qu'elle avait de visiter la prison
qu'il dirigeait, désir qu'elle avait
manifesté lors de leur première
entrevue, et qui, disait-elle, s'ac-
croissait de tout l'intérêt que lui
inspirait le galant et amoureux directeur.

— Vivent les veuves de géné-
raux ! s'écria monsieur Martin après
avoir lu la réponse à son amou-
reuse missive; au moins ça n'est
pas exigeant. D'autres vous deman-

deraient des diamans, des cache-
mires, des billets de banque, le
diable et son train...... Rien de
tout cela!.... L'adorable personne
veut voir ma prison....... On dira
peut-être que c'est là un prétexte
adroit pour venir chez moi, et....
suffit! Eh bien! tant mieux! ça
ne me coûtera pas si cher qu'en
ville....

Là-dessus monsieur Martin fit
mettre le cheval à son cabriolet,
et il arriva bientôt à l'hôtel de madame d'Estanval.

— Mon Dieu! monsieur, vous
êtes d'une activité....

— Belle dame, mon cœur brûlant m'empêchant de fermer l'œil...

— Ah oui! je sais, vous m'avez
écrit cela ce matin.

— D'autant plus que la beauté
est mon élément.... ce qui me fait
espérer que vous voudrez bien me
faire l'honneur d'accepter le dîner
de l'amitié....

—Ne vous ai-je pas écrit que
c'est ma curiosité qu'il s'agit de satisfaire?

— Je sais; vous voulez visiter la
prison. Eh bien! c'est en prison

que nous dînerons, si vous voulez
bien le permettre.... c'est-à-dire
chez moi, dans mon appartement...
Les fenêtres de la salle à manger
donnent sur la cour des prisonniers;
je vous ferai voir cela au dessert.

— Allons, il faut bien vouloir ce
que vous voulez.

Une heure après, Aline était dans
l'appartement du directeur, et ses
regards, sa gentillesse, son aimable abandon achevaient de tourner
la cervelle à ce bon monsieur Martin, qui était bien en ce moment le
geôlier le plus amoureux et le plus

heureux des quatre parties du monde. Le dîner dura long - temps ;
monsieur Martin faisait des soupirs
à fendre les murailles ; Aline se
montrait excessivement sensible.
Au second verre de champagne,
le directeur se sentit en verve ; il
dérangea sa chaise, comme un
cavalier s'affermit sur les éperons
dans un passage périlleux, et pen-
chant sa tête de satyre sur le sein
voluptueux de la jeune fille, il y
déposa un baiser. Aline fit des efforts prodigieux pour retenir un
cri prêt à lui échapper.

— Mon Victor ! se dit-elle,

qu'importe le prix de ta rançon
pourvu que je te sauve !

Et elle laissa les lèvres flétri
du geôlier s'appuyer sur ses lèvr
de rose... Oh ! que de courag
que d'héroïsme il y avait dans cet
apparente impassibilité !

Il s'en fallait de bien peu
monsieur Martin ne fût aussi h
reux que peut l'être un homme
cette espèce : il y avait plus d'
heure que le dessert était se
bien sûr de vaincre, le direct
crut devoir remettre à la nui
complément de sa victoire, et

rendit très volontiers aux désirs d'Aline qui se montrait impatiente de voir les prisonniers; il la conduisit au balcon.

Sur les dalles humides d'une cour de trente pieds carrés où le soleil ne pénétrait jamais, se promenaient une centaine de malheureux, au teint hâve, à l'œil morne : quelques uns d'entre eux riaient cependant; d'autres chantaient des couplets orduriers. Quelques uns s'arrêtèrent sous les fenêtres du directeur, et sollicitèrent des secours. Prompte comme l'éclair, Aline s'élance vers la table, s'em-

pare de tous les débris du dîner,
et les jette à ces malheureux.

— Ah ! diable ! dit en riant monsieur Martin, ils ne sont pas habi-
tués à cet ordinaire-là !.. Voyez-
vous les coquins ! je leur en ferai
faire, des biscuits, des confitures,
du chasselas de Fontainebleau !...
Dieu me pardonne ! je crois que
vous leur avez jeté tout ce que con-
tenait le sucrier !...

— Eh ! pourquoi non ? je veux
qu'ils m'aiment, qu'ils se souvien-
nent de moi... Tenez, mes amis,
partagez-vous cela...

Et tirant du sac qu'elle portait une bourse élégante et pleine d'or, elle la lança dans la cour.

— Doucement, doucement, charmante amie! s'écria le directeur. Diable! savez-vous que s'ils étaient visités chaque jour par quelque personnage aussi généreux, il n'y aurait bientôt plus de grilles, verroux ou serrures capables de les retenir... Il ne faut pas leur donner la clef d'or, si nous voulons être en sûreté avec la clef de fer.

— Il y en a cependant qui font assez peu de cas de cet or, répondit

Aline... Et tenez, ce grand jeune homme à gauche n'a pas seulement l'air de s'apercevoir de ce qui se passe autour de lui.

En parlant ainsi, elle désignait Victor, qu'elle remarquait depuis quelques instans, et qui, de son côté, l'avait parfaitement reconnue tout d'abord.

— Oh! quant à celui-là, son affaire est claire, et pour le temps qu'il a à vivre, il aura toujours assez d'argent.

— Il est donc condamné?

— Pas encore; mais ça ne sera pas long... Vol à main armée, la nuit, avec effraction, en réunion de plus de vingt personnes... Il y a de quoi le faire guillotiner trois fois.

— Bon Dieu! mais c'est une histoire prodigieuse!... je suis folle de ces histoires-là...

— Alors vous pouvez vous vanter d'être joliment tombée.

— Je donnerais bien des choses pour entendre ce jeune homme raconter ses aventures...

— Que me donnerez-vous?

— Tout ce que vous voudrez.

— Sans restriction?

— Aucune.

Aline fit semblant de rougir, et monsieur Martin devint rayonnant : il entraîna la jeune fille vers la table, lui donna dix baisers, but trois verres de Champagne, et ordonna que l'on fît venir le prisonnier.

— Pauvre enfant! dit Victor, qui comprit aisément de quoi il s'agissait; que d'amour! quel dévouement!... mais par quel moyen espère-t-elle?.. qu'importe! Il faut bien qu'il y ait espoir de succès, et n'est-ce pas déjà un miracle que sa présence chez le directeur?

— Avance ici, drôle! dit monsieur Martin lorsque Victor fut introduit dans la salle à manger, et commence par remercier madame de l'honneur qu'elle te fait... Bon. A présent, conte-nous ton histoire.

Plantard et Aline échangèrent un coup d'œil, et la jeune fille écartant un peu son fichu, laissa voir le manche d'un poignard dont elle s'était munie à tout événement.

— Ah ça, reprit le geôlier, j'espère que tu ne vas pas faire le pénitent... Tu sais bien ce qui te revient; le diable, l'enfer et son quarante - cinq n'empêcheraient pas Samson de te couper le sifflet quand il en sera temps; ainsi donc, va ton train, ne fais pas la petite bouche, et avale-moi ça, ça te donnera du cœur au ventre.

En parlant ainsi, il présenta à

Victor un verre de vin, et presque
en même temps il avala lui-même
et d'un trait ce qui restait de la troisième bouteille de Champagne.
Plantard eut l'air de se recueillir
pendant quelques instans, puis il
commença à demi voix le récit de
sa prétendue histoire. Il n'y avait
pas cinq minutes qu'il parlait, lorsque le directeur, cédant à l'influence
du vin, de la chaleur et de la voix
monotone du prisonnier, ferma les
yeux, laissa tomber sa tête sur sa
poitrine, et s'endormit. Aussitôt
Aline tira de dessous ses vêtemens
le poignard qu'elle avait apporté,
s'approcha du geôlier et leva le

bras. Elle allait frapper, lorsque Victor la retint.

— Ne tuons pas sans nécessité, Aline!..

— Oh! si tu savais ce que le monstre m'a fait souffrir!

— Le sang me fait horreur.

— Eh! n'est-ce pas ton sang qu'ils veulent?..

— Ne parlons pas de cela; et songeons à profiter de ce moment précieux.

— Veux-tu être libre ?

— Tu me demandes cela !...

— Laisse-moi donc faire.

Et elle leva de nouveau son poignard vers le geôlier ; mais Plantard la retint une seconde fois.

— Laisse-moi faire toi-même, lui dit-il.

Alors il prit une serviette, la tordit, et en fit un bâillon qu'il fit pénétrer violemment dans la bouche du directeur, et dont il noua fortement les extrémités. Monsieur

Martin se réveilla; mais lui il fut impossible de proférer un mot, de faire entendre le moindre cri, et il n'avait pu se rendre compte de ce qu'il ressentait, que déjà il était, pieds et poings liés, étendu sur le parquet.

— Si tu fais un mouvement, lui dit Aline en faisant briller à ses yeux l'arme qu'elle n'avait point quittée, si le moindre obstacle nous oblige à revenir sur nos pas, tu es mort.

Victor pénétra dans la chambre à coucher, s'affubla à la hâte d'une

robe de chambre qui lui tomba sous
la main et dont se servait ordi-
nairement le directeur , puis il
échangea son chapeau contre une
casquette à large visière qu'en se
débattant monsieur Martin avait
laissé tomber sur la table, et tenant d'une main un flambeau, tandis que de l'autre il conduisait
Aline , il arriva sans encombre jusqu'au premier guichet. A la vue de
l'homme qu'ils prennent pour leur
chef, les gardiens s'inclinent res-
pectueusement ; Victor , de son
côté, fait semblant de s'essuyer le
visage. La porte extérieure s'ouvre; les amans font quelques pas,

ont l'air de se faire force révéren-
ces, et tout-à-coup disparaissent
comme des ombres. Vingt minutes
après, ils étaient en sûreté.

—O mon Victor! que je suis heureuse, disait Aline en aidant son
amant à changer de toilette!... Je
ne veux plus que tu t'exposes ainsi;
ne sommes-nous pas assez riches?

— Chère Aline, n'y a-t-il pas
encore bien des malheureux dans
le monde?

— Il y en aura toujours.

—Peut-être, Aline; mais il y au-

rait un égoïste de plus, si je cessais de travailler à soulager leurs maux....
Et ne me dois-je pas d'ailleurs à mes braves et généreux compagnons?

— Ainsi, jamais de bonheur, jamais de paix....

— Est-ce ma faute si le genre humain est en guerre contre la raison et la justice?

— Oh! ne parlons plus de cela.

Et ils parlèrent d'autre chose; mais ce fut si bas que personne n'en entendit rien.

CHAPITRE III.

Reconnaissance.

—

UNE grande partie des vingt millions enlevés au trésor national était arrivée dans la caisse de la société.

Victor s'empressa d'en faire la ré-
partition, et, comme d'habitude,
les deux tiers furent employés en
larges aumônes. Que de larmes furent séchées ! que de malades ren-
dus à la santé ! que de pauvres dia-
bles soustraits à la captivité qui leur
était réservée par cette loi infâme
et barbare qui met le débiteur à la
discrétion du créancier !.... C'était
surtout lorsqu'il s'agissait d'aller
à la recherche des malheureux,
qu'Aline montrait une grande activité ; la bonne fille semblait infa-
tigable, tant qu'il y avait quelque
chose à donner ; elle eût trouvé le
moyen de distribuer en huit jours

le revenu de la France. Aussi les
coffres étaient-ils presque toujours
vides, et il fallait pour les remplir
redoubler de précautions ; car maintenant la police était sur le qui-vive,
et faisait les recherches les plus ac-
tives.

Le vol audacieux du trésor national, l'évasion presque miracu-
leuse du chef de la bande, l'impos-
sibilité de découvrir ses complices ;
enfin, les armes, les uniformes
dont ils s'étaient servis, et les fonds
considérables qu'ils avaient dû employer pour arriver jusqu'à la caisse,
tout cela annonçait un tel ensemble

de moyens, une direction si puissante, une organisation si surprenante, que le Gouvernement s'en effrayait, et ne négligeait rien pour mettre un terme au mal qui allait croissant. Mais, de son côté, Victor déployait une telle activité, et dirigeait si bien la société en général, et chacun de ses membres en particulier, qu'il évitait tous les piéges, et déjouait tous les projets de ses adversaires.

Tout allait donc pour le mieux, et les difficultés ne faisaient que stimuler le zèle, l'intelligence et l'audace des associés, lorsqu'un soir que Victor, de retour d'une expédition des plus fructueuses, cherchait dans les caresses d'Aline une compensation aux chagrins cuisans contre lesquels la fortune était un remède impuissant; en ce moment, dis-je, où il se laissait doucement aller aux illusions qui pouvaient encore lui faire aimer la vie, la jeune fille lui dit :

— Je n'ai pas non plus perdu ma journée, bon ami ; j'ai trouvé de grandes douleurs, pendant que tu cherchais de quoi les guérir... Ça ne sera pas long; car il n'y a que deux pas d'ici. Mais il faudrait pren-

dre des précautions et surtout n'a-
voir pas l'air de donner ; car on re-
fuserait certainement.

— Bonne Aline ! combien j'aime
à t'entendre parler ainsi !

— Oh ! c'est qu'il ne s'agit pas
d'un de ces malheureux ordinaires
qui n'ont qu'une idée vague d'une
situation meilleure !... Madame Andrew a été fort riche ; j'en suis sûre,
quoiqu'elle ne me l'ait pas dit. Cela
se voit dans ses manières, se devine
au son de sa voix , se comprend à
son choix d'expressions. C'est , dit-
on , une riche anglaise que de

grands revers ont privée de sa fortune; elle brode maintenant, et
n'a pour vivre que le produit de
son travail... Oh! tu ne sais pas
encore, mon Victor, tout ce que
souffre une femme obligée de vivre
de son aiguille !... du travail, toujours; du plaisir, jamais! Une assi-
duité de tous les jours, de toutes les
heures, de tous les instans... et
pour nourriture, rien de substan-
tiel, rien qui réjouisse et qui flatte
les sens... Comme elle doit souffrir
la pauvre femme!... J'ai là plein
un carton de broderies à faire, dont
je voulais la charger; mais j'ai craint
de mal déguiser la vérité. Tu te

chargeras de cela, toi, mon ami;
les prétextes ne te manqueront pas.
Si tu voulais que ce fût ce soir,
quelle bonne nuit je passerais !

C'était une fantaisie comme une
autre : Aline en avait souvent de
semblables , et Plantard n'hésitait
jamais à les satisfaire. Il mit donc
de l'or dans ses poches, prit les chif-
fons que lui présenta la jeune fille,
et arriva bientôt dans la maison
voisine , où il demanda madame
Andrew. D'après l'indication du
portier, il monta jusqu'au dernier
étage, et frappa à une petite porte
à travers les fentes de laquelle il

voyait une jeune femme courbée sur un métier à broder, mais tournée de telle manière qu'il ne pouvait apercevoir son visage. La porte s'ouvre : Victor jette un cri de surprise, laisse tomber le paquet de colifichets dont il s'était chargé, et se jette dans les bras de la jolie brodeuse, qui elle-même a à peine la force de se soutenir.

— Lucie ! ma chère âme !

— Victor ! mon bien aimé !...

Puis on ne parla plus... Ce furent des larmes, des soupirs, des

III. 4

baisers, des étreintes à perdre la respiration, et du bonheur autant qu'en peut supporter la faiblesse humaine. Ce fut seulement lorsque cette exaltation commença à diminuer, que les questions et les réponses vinrent à se croiser, se heurter.

— Combien je t'ai cherché !

— Je n'espérais plus te revoir...

— Mon ange chéri! tu as donc recouvré ta fortune ?

— Ma Lucie bien aimée, réduite à travailler !..,

— J'ai su tes malheurs.

— J'ignorais les tiens.

— Oh ! maintenant je suis la plus heureuse femme du monde... N'es-tu pas aussi bien heureux, mon ange ?

— Moi... heureux... oui, oui, je le suis maintenant ; je veux l'être toujours... je veux vivre enfin.

Madame de Vernance ne comprit pas ces paroles, et n'y fit que bien peu d'attention. Pour satisfaire l'impatiente curiosité de Vic-

tor, elle lui dit comment, après la
mort de sa mère à Londres, elle
avait été dépouillée par d'avides
créanciers de la somme que lui
avait restituée monsieur Plantard.

— Je ne possédais plus rien,
ajouta-t-elle, et pour comble de
maux, j'appris les malheurs qui
étaient venu fondre sur ta famille.
Rien ne me retenait plus à Londres, et le besoin de te consoler me
faisait ardemment désirer de revoir
la France. J'y revins dès que cela
me fut possible; mais ce fut inutilement que je cherchai. Sans appui,
sans parens, ne possédant ▓▓▓ ien,

j'eus recours au travail; l'amour-propre m'obligea à prendre un nom qui
n'est pas le mien, et je suis depuis
long-temps madame Andrew la brodeuse.... Je suis bien heureuse, cher
ami, que la fortune t'ait traité plus
favorablement que moi!....

— Oui, oui, ma Lucie; la fortune me traite bien.... beaucoup
mieux que je ne le mérite.... Le
monde est une horrible chose, tendre amie; ne penses-tu pas cela?

—Et pourquoi ne pas le quitter ce
monde, puisque tu es riche?... Qui
nous empêche d'aller vivre dans

quelque charmante solitude? vivre
l'un pour l'autre, l'un par l'autre,
vivre pour nous aimer et nous le
dire.... O mon Dieu! c'est trop désirer; je n'ai pas mérité les délices
du Paradis!....

Il se passa quelques instans sans
que Victor répondît; il semblait réfléchir profondément. Tout-à-coup
il tira de sa poche un porte-feuille
volumineux, et s'écria :

—Puisque tu veux bien être à moi,
Lucie, tout doit être commun entre
nous.... Ce porte-feuille contient
deux cent mille francs; je puis, en

moins de vingt-quatre heures, réunir une somme trois fois plus con-
sidérable, et je vais m'empresser de
le faire ; mais c'est à la condition que
nous quitterons ensemble et immédiatement ce Paris qui me fait horreur....

Madame de Vernance se jeta dans
ses bras, et ils se séparèrent bien ré-
solus à se retrouver le lendemain
pour ne plus se quitter.

Victor passa une bien mauvaise
nuit ; l'amour et les remords se li-
vraient dans son cœur un combat
terrible. Aline était là près de lui,

lui reprochant tendrement sa tris-
tesse qu'elle ne comprenait pas, et
l'accablant de caresses dans l'espoir
de dissiper ce nuage qui était venu
tout-à-coup obscurcir un si beau
jour; et cette femme dont il était
la vie, cette Aline qui lui avait
donné tant de preuves d'amour, et
l'avait, par un dévouement sublime,
arraché à l'échafaud; cette femme,
il allait la trahir; encore quelques
instans, et il la quittait pour ne jamais la revoir!... Cette pensée le
torturait; il souffrait un mal horrible; mais tous les supplices de l'enfer, il se sentait capable de les braver pour posséder madame de Ver-

nance. Il ne voulait plus réformer
le monde, quoiqu'il le trouvât toujours aussi détestable ; il voulait
l'oublier et s'en faire oublier en
passant sa vie dans quelque retraite
délicieuse. N'avait-il pas tout ce qui
constitue le bonheur? une femme
qu'il adorait et des capitaux suffisans
pour se faire quarante mille francs
de rente. Il se leva de fort bonne
heure, écrivit long-temps, et sortit.
Deux heures après tous les membres
de la société étaient assemblés, et
l'un d'eux lisait à haute voix cette
lettre de leur chef :

« Mes amis,

« La tâche que nous avions entre-
« pris de remplir est au-dessus des
« forces humaines. Il y a déjà long-
« temps que je le pense ; mais jus-
« qu'ici je n'avais pu me résoudre à
« vous faire part de la nécessité de
« rompre notre société. Croyez-
« moi, laissons le monde tel qu'il
« est ; méprisons-le et ne nous con-
« sumons pas en vains efforts.

« Chacun de vous possède autant
« d'argent que moi, et j'ai la con-
« viction qu'il y a plus de jouissances
« dans un million qu'il n'en faut

« pour faire supporter les dégoûts
« dont un homme qui pense ne peut
« se défendre en regardant autour
« de lui.

« Je pars, mes amis ; je me retire
« loin, bien loin de Paris, et il est
« certain que nous ne nous rever-
« rons jamais ; recevez donc mes
« adieux, et vivez en paix.

« VICTOR. »

—Il paraît, s'écria Julien, que ça
lui a pris comme une envie d'éter-
nuer, et pourtant je pense qu'il n'a
pas tort. Sacre dieu ! nous avons fait

assez de bien aux autres, pensons
un peu à nous, ça ne peut pas déranger l'équilibre.

— Je ne dis pas le contraire, répondit Guillaume ; mais nous quitter comme ça ! de vieux amis qui
nous serions fait hacher pour lui,
ça n'est pas bien.

—Ma foi nous n'étions pas mariés,
dit un autre, et moi ça commençait
à me déplaire singulièrement de voir
que la plus grande partie de ce qui
nous venait de la flûte s'en retournait au tambour.

— Puisque c'était notre constitution ! s'écria un quatrième.

— Belle drogue de constitution qui nous menait à la Grève pour nous apprendre à faire l'aumône !

— Moi je trouve qu'il y a plus d'esprit dans le proverbe : *chacun pour soi et le bon Dieu pour tous*, que dans toutes les constitutions possibles.

— Mes amis, s'écria le vieux Guillaume, il s'agit de prendre un parti.

— Quant à ça, c'est bien aisé, dit Julien; quand on a le malheur de se voir un million sur les bras, on n'est pas embarrassé de son corps. Pour moi, je me retire en Normandie; je fais bâtir un château, une ferme, un village.... tout le diable et son train quoi!.... je fais le seigneur; je galope sur un bidet de six cents francs; et allez donc!

En ce moment Aline arriva au milieu de l'assemblée. La pauvre fille savait tout; une lettre de Victor, qu'elle avait reçue à son réveil, lui avait tout appris. Cependant son œil était sec, elle ne proférait pas une plainte.

— Vous quittez votre métier, dit-elle, eh bien ! je vais reprendre le mien, car je ne veux rien de ce qui lui a appartenu, de ce qu'il a touché...... je vous abandonne ma part, et je me donne à tout le monde pour me punir de m'être donnée à lui.

— Mon enfant, dit le père Guillaume, il ne faut pas comme cela jeter le manche après la cognée, et aller te tuer le corps et l'âme pour.....

— Que m'importe tout cela puisqu'il n'en veut plus !... Il me faut désormais du bruit, du désordre, de l'orgie.... je veux vivre vite, afin de mourir bientôt ; et je veux mourir vieille et décrépite, afin de n'avoir rien à regretter..... Ma résolution est prise, et je n'ai pas besoin d'argent pour devenir ce que j'ai été et ce que je veux être. Réglez-vous donc là-dessus et faites les parts plus fortes.

Le partage fut fait immédiatement, puis la société fut déclarée dissoute, et chacun de ses membres se retira de son côté.

CHAPITRE IV.

Le Paradis.

———

Victor et madame de Vernance, emportés dans une bonne chaise de poste, étaient déjà loin de Paris, et le jeune homme se trouvait si heureux, qu'il ne songeait plus à ses camarades, à Aline, aux dangers qu'il avait courus, et à ceux qui peut-être le menaçaient encore. Il s'était muni de papiers fort en règle, et emportait avec lui toute sa fortune. On était au mois de mai, l'air était pur, le temps admirable, tout semblait respirer le bonheur autour des amans. Victor avait arrondi l'un de ses bras sur la taille de sa belle amie, et la tête de celle-ci était appuyée sur l'épaule de l'amoureux jeune homme.

— Où allons-nous donc? mon ami, dit-elle enfin.

— Que sais-je? où tu voudras...
partout... au bout du monde.....

— Enfant ! ne dis donc pas de
folies. Nous sommes maintenant à
plus de trente lieues de Paris.

— Nous n'en serons jamais trop
loin..... Postillon, quel est le port
de mer le plus prochain ?

— Le Havre, monsieur; nous
n'en sommes qu'à vingt lieues.....

— Nous nous embarquons? demanda Lucie.

— Peut-être. Oui, si tu le veux ;

non, si cela te déplaît. Dans tous les
cas, les environs de ce pays sont
charmans, et puisque nous cherchons une retraite, autant vaut que
ce soit là qu'ailleurs.

— Tu n'as donc pas de projet
arrêté ?

— Oh ! si, j'en ai un bien arrêté,
c'est de ne jamais me séparer de toi.

Le lendemain, ils arrivèrent au
Havre.

— Bon ami, dit madame de Vernance, restons en France ; je n'ai

jamais été heureuse que dans ce pays.

— Je le veux bien ; il ne doit pas manquer d'habitations à vendre dans les environs ; j'en achète une dès demain. Ce sera ta propriété à toi... je l'exige.....

—Mon ange bien aimé! pourquoi cet arrangement? N'allons-nous pas être unis bientôt par des liens indissolubles?

Le visage de Victor se rembrunit. Donner la main à madame de Vernance sans lui faire l'aveu de sa

conduite passée, était une mauvaise
action dont il se sentait incapable,
et cependant il ne pouvait se résoudre à lui révéler de terribles
vérités.

— Eh ! ne sommes-nous pas unis
à la face du ciel, ma Lucie! s'écria-
t-il. Oh ! je t'en supplie, ne gâtons
pas notre bonheur; n'ôtons pas
une chance à la durée de notre
amour !...

En parlant ainsi, il la couvrait
de baisers et la pressait contre son
cœur. Il y avait tant d'entraîne-
ment dans ses paroles ! il aimait
tant, et il était si tendrement aimé,

que la jolie veuve ne se trouva pas
la force de lui faire une objection.
Et puis, être amans, toujours! cela
devait être si doux, et elle était si
loin de penser qu'il fût possible que
Victor cessât de l'aimer!... Il est
vrai que la morale trouvait quelque
peu à reprendre dans cet arrangement; mais la morale est muette
quand l'amour parle haut. La con-
vention fut faite tacitement et scel-
lée par le plaisir.

. Ce jour-là même, Victor fit l'ac-
quisition de l'une des plus jolies
habitations des environs. C'était
une petite maison de construction

élégante, et posée, pour ainsi dire, au milieu d'un immense jardin, sur les bords de la Seine, si majestueuse en cet endroit. Un parc superbe attenait au jardin, et, de toutes les parties de cette habitation, les points de vue étaient délicieux. Les appartemens étaient petits, bien distribués, et meublés avec une élégance, une recherche, une volupté tout orientale. On eût dit que la baguette d'une fée s'était plue, en créant ce charmant séjour, à réaliser les désirs et les rêves de nos amans.

Oh ! qu'il fut délicieux, le premier jour qu'ils passèrent dans cette retraite qui semblait créée par l'amour et la volupté! Ce fut un de ces jours qui valent tout une vie d'homme.... Victor et Lucie parcoururent ensemble toutes les pièces de l'habitation...

—Voici ta chambre, bonne amie; voilà mon cabinet de travail... j'étudierai, comme autrefois... et, comme autrefois, tu m'aideras de tes leçons et de tes conseils..... Comme les jours d'hiver nous sembleront courts dans ce petit salon, devant un bon feu clair et pétillant, bien près l'un de l'autre!... Nous

voici dans le salon de réception ; il
sera souvent désert. Désormais,
Lucie, tu seras mon univers ; notre
monde aura pour limites les murs
de notre parc... Je romps dès aujourd'hui et pour toujours avec ce
monde qui est au-delà..... N'est-ce
pas, ma Lucie, que nous renon-
çons à ce monde hideux où le bonheur est si rare, et où l'on rencontre à chaque pas les chagrins et
la misère ?...

— Puis-je donc avoir une autre
volonté que la tienne, mon Victor ?
n'est-ce pas par tes yeux que je
vois ? chaque battement de ton

cœur ne vient-il pas retentir dans le mien?... Bon ange chéri, mon bonheur c'est le tien, ma vie c'est la tienne...

Et ces dialogues étaient accompagnés de douces et voluptueuses étreintes et de longs baisers; les amans commençaient une autre vie.

Dès le lendemain, Plantard remit à la tendre veuve les titres de propriété de cette habitation; puis il plaça, sous le nom de madame de Vernance, les capitaux considérables qu'il avait apportés.

—Je ne veux rien avoir à moi,
dit-il, rien que ton amour, ma
Lucie...

— Mais c'est de l'extravagance,
mon ami. L'avenir, il est vrai, se
présente sous un aspect ravissant,
enchanteur ; mais qui sait ce qu'il
nous garde ?

—Eh ! que m'importe? tant que
tu m'aimeras, je serai le plus heureux des hommes, et la perte de
ma Lucie pourrait-elle être autre
chose que mon arrêt de mort...

Dans un autre temps, madame
de Vernance eût refusé, de peur

d'avoir l'air de vendre à la fortune ce qu'elle ne voulait donner qu'à l'amour; mais maintenant qu'elle avait tout donné, elle pouvait tout accepter. Et puis c'était une fantaisie de Victor, qui lui semblait sans conséquence. Ne serait-elle pas toujours la maîtresse de lui rendre tous ces biens en cas de rupture? et cette rupture, n'était-ce pas un événement impossible? Oh! oui, impossible, maintenant que, éprouvés tous deux par l'adversité, ils avaient renoncé au monde, cet enfer de tous les instans, et qu'ils ne devaient plus quitter ce paradis terrestre...

Les jours s'écoulaient, rapides comme des secondes ; les amans semblaient insatiables de bonheur et de plaisirs, et leur retraite était inaccessible aux chagrins et à l'ennui. On se levait de très-grand matin, pendant les beaux jours ; on parcourait les jardins, on s'enfonçait dans le parc, puis on se reposait sur l'herbe, à l'ombre de ces arbres séculaires, muets et impassibles témoins des plus doux transports ; ou bien, on s'aventurait dans une frêle nacelle, sur les eaux d'un immense étang, et balancés voluptueusement, on se rappelait les plaisirs de la veille, et l'on en projetait de nouveaux pour le lendemain. L'hiver, on ne quittait le lit que bien tard ; et assis l'un près de l'autre, devant la cheminée de la chambre à coucher, ce mystérieux sanctuaire de l'amour, on déjeûnait, on mangeait dans la même assiette, on buvait dans le même verre ; c'étaient des plaisirs de tous les jours, et cependant la satiété ne venait point. Oh ! c'est que la satiété n'arrive pas aisément dans ces âmes de feu, dans ces imaginations ardentes qui rêvent et comprennent une éternité de délices.

Souvent, le soir, Victor écrivait

quelques pages en forme de journal. Ces pages, c'était pour lui qu'il
les écrivait; c'était un compte rendu de ses sensations de chaque jour
qu'il confiait au papier, non pour
que ces sensations fussent transmi-
ses à une intelligence quelconque;
mais seulement pour les savourer,
et les prolonger autant que cela
était possible. Nous rapporterons
quelques fragmens, pris au hasard
dans ces souvenirs, que nous laissons au lecteur le soin d'apprécier.

Juillet 18...

Que de bonheur! elle dort; je
suis assis près d'elle, et mon bras
gauche effleure l'oreiller où repose
sa jolie tête... Nous avons parcouru,
cet après-midi, les diverses parties
de notre habitation; la chaleur
était accablante, il a fallu nous re-
poser souvent.... et quel repos!
dans le parc, sur le gazon... je sens
encore ses baisers qui me brûlent
les lèvres... Notre domestique est
peu nombreux : deux hommes et
une femme. C'est assez; un plus
grand nombre nécessiterait des

III. 5*

soins, de la surveillance, et nous
avons à peine assez de temps pour
nous aimer, nous le dire et nous le
prouver...

———————

Tout s'organise dans notre habitation; nos provisions sont faites...
Tous ces détails sont accablans : il
a fallu, pendant plusieurs jours,
parler d'argent, discuter, suppu-
ter... Oh ! je ne veux plus de cela ;
plus de calcul, plus de questions
d'argent... L'argent ! ce mot seul
me fait mal... l'argent ! quelle horrible chose ! Je ne puis maintenant
voir ou toucher quelques pièces d'or,

sans être agité d'un tremblement
convulsif ; et si dans ce moment où
Lucie est près de moi, je me sens
près de perdre connaissance , c'est
que cela me rappelle ma vie passée... Oh ! si Lucie savait..... quel
horrible supplice que d'être obligé
de lui cacher quelque chose ! D'af-
freux pressentimens m'ont tour-
menté pendant une partie de ce
jour ; mais, après le coucher du
soleil , tout cela s'est dissipé. Nous
étions près de la pièce d'eau, sous
le berceau de chèvre feuille ; je te-
nais Lucie dans mes bras ; ma main
comptait les battemens de son

cœur, en même temps que ses lèvres pressaient les miennes... Il me
semble chaque jour être arrivé au
nec plus ultrà du bonheur, et chaque jour cependant je parviens à
faire quelques nouveaux pas sur
cette route délicieuse... Tant que
je serai aimé, cela, je le sens bien,
n'aura point de terme... Aimé! je
le serai toujours... Ce cœur n'est-il
pas à moi? n'en suis-je pas l'absolu
possesseur?... Nous sommes en de-
hors du monde, et nous ne pouvons ressentir l'influence des passions qui l'agitent... Le monde!...
que c'est chose misérable, quand

on le regarde de la hauteur où
nous sommes placés !

———————

J'ai chassé seul pendant une
grande partie de la journée, et je
ne suis rentré que fort tard. Lucie
pleurait, je n'avais pas encore été
aussi long-temps séparé d'elle. Avec
quel plaisir j'ai séché ses larmes !
Pour la première fois, m'a-t-elle
dit, l'idée lui est venue que je pourrais cesser de l'aimer... Bon Dieu !
comme si mon amour n'était pas
ma vie tout entière !

———————

Il y a bien long-temps que je n'ai écrit ; les jours passent si vite ! ils sont si remplis !... Lucie ne me quitte pas un instant, et ce n'est pas trop de toutes mes facultés pour savourer le bonheur dont elle m'enivre. Les beaux jours s'en vont, et les soirées deviennent longues ; c'est une légère diversion à nos plaisirs. Décidément, notre retraite est inaccessible à l'ennui.... Ils disent, dans le monde, que la possession tue le désir... De quoi donc est formée l'âme de ces hommes ? Je possède, et je suis heureux ; il est vrai que ce bonheur n'est pas de nature à être compris de tout le monde.

Que m'importe? Lucie le comprend et le partage. Lucie, n'est-ce pas mon univers?

Un grand événement se prépare dans notre solitude : Lucie croit être enceinte ; cela l'afflige... Pauvre femme ! elle n'a pu encore parvenir à secouer la souillure des préjugés ; elle ne peut songer sans chagrin qu'elle deviendra mère sans être épouse.... Mon Dieu ! regretterait-elle le sacrifice qu'elle m'a fait ? cette crainte est le premier

chagrin que j'éprouve depuis que je
vis dans ce paradis. Quant à moi,
l'idée d'être père m'a d'abord fait
éprouver un plaisir bien vif et tout
nouveau, mais que la réflexion a
bien vite anéanti. Je me demande
ce que deviendra cet enfant. Ne
faudra-t-il pas le produire dans ce
monde auquel nous avons renoncé?
dans cette réunion hideuse de vices
et de sottises, au milieu de ces
hommes stupides qui lui reproche-
ront sa naissance... et s'il vient à
savoir l'histoire de son père, il le
maudira, et détestera la vie... Oh!
ce n'est pas sans raison que Lucie
est triste !.... Misérables atomes!

hier encore , nous nous croyions des dieux !...

———————

Le bonheur s'en va... Lucie a pleuré, et ce n'était pas des larmes de joie... Je devinais bien la cause de son affliction , et cependant je la lui ai demandée. Elle s'est jetée dans mes bras, et ses pleurs devinrent plus abondans.

— Mon Victor, ce qui m'afflige est précisément ce qui fait la joie des autres femmes... Être mère , ami, et ne pouvoir être fière d'un si beau titre; et ne pouvoir songer

sans chagrin à l'avenir de son enfant! ... O! bon ami, je suis bien
sûre que tu me comprends, que tu
sens aussi vivement que moi !

—Il faut donc nous résigner à
rentrer dans le monde, à vivre
comme le commun des mortels ?...
Mais alors nous ne serons plus que
des anges tombés, et nous ne retrouverons jamais ce paradis auquel nous aurons renoncé...

—Mais, mon bien aimé, pourquoi se créer des fantômes ? Le
monde, je le hais autant que toi;
le monde ne peut rien pour mon

bonheur, et si je souffre maintenant, c'est surtout parce que je pense que ta volonté est le seul obstacle qui s'oppose à l'accomplissement de mon vœu le plus ardent... Mon Victor, je te possède, toi !... tu es à moi ; je le sais, j'en suis fière et heureuse ; ma vie, c'est la tienne ; mon bonheur, c'est le tien. Pourquoi donc ton nom n'est-il pas le mien ?

Les larmes ne coulaient plus ; mais son visage était en feu, et ses lèvres brûlantes se collaient sur les miennes.... Oh ! qu'en ce moment le secret de ma prospérité me sembla lourd ! Dix fois en une minute il fut sur le point de m'échapper. Pauvre créature ! j'ai cru au bonheur, et le moindre, le plus naturel des accidens, suffit pour renverser tout cet échafaudage, à l'aide duquel je voulais me hisser jusqu'au ciel !... Il fallait répondre cependant.

— Bonne Lucie, dis-je en m'efforçant de sourire, n'oublions pas que nous habitons un autre monde que celui où végètent ces individus qui n'ont de droit qu'à notre pitié. Point de ces demi-mesures qui puissent nous rapprocher de l'humanité, nous qui vivons dans les régions célestes. Ma chère âme, y a-t-il donc quelque sacrifice que tu ne te sentes pas le courage de me faire ?

Ses larmes recommencèrent à couler plus abondantes..... Oh ! j'ai bien senti alors que nous faisons toujours partie de cette misérable espèce humaine que je hais tant et que je m'efforce de mépriser.

La soirée a été plus calme, et la nuit est une des plus délicieuses dont je veuille conserver le souvenir : on ne renonce pas aisément à un bonheur tel que celui que nous goûtons.....

Dieu soit loué! je ne serai point père. Lucie était rayonnante ce matin en m'annonçant cela; sa joie me fit mal, et elle s'en aperçut.

— Maintenant, mon Victor, dit-elle en m'embrassant, je veux que tu saches toute ma pensée..... Je sentais, bon ami, qu'en devenant mère je cesserais de t'aimer exclusivement, et c'était là surtout ce qui m'affligeait..... Tu n'aurais plus été l'unique objet de mes affections ; sens-tu combien cette pensée était horrible ?

Ainsi ce n'était qu'une fausse alerte : le bonheur est revenu plus grand et plus complet que jamais ; fasse le ciel que j'aie cessé de vivre avant que de nouveaux nuages n'obscurcissent les beaux jours qui nous sont promis !..... . . . .

Ce journal est long, il contient une belle et curieuse étude du cœur humain, et pourtant nous n'en extrairons pas de plus longs frag-mens : qu'importent les mystères du cœur humain à ce monde si plein d'égoïsme, qui vit sans foi, sans poésie, sans amour, et qui, à ce propos, demanderait presque si la poésie, l'amour et la foi sont cotés à la bourse?

CHAPITRE V.

Ruine.—Projets.

—

Trois ans s'étaient écoulés depuis
la dissolution de la société de ces
bandits qui avaient conçu la bizarre

idée de régénérer le monde à l'aide
du pillage, du vol, et, en quelque
sorte, de la violation de toutes les
lois divines et humaines. Ces trois
années, pour Victor, avaient passé
comme un jour; mais il s'en fallait
de beaucoup que tous les membres
de la société fussent aussi heureux
que leur ex-chef. Il est vrai que ce
n'était pas aux passions nobles qu'ils
s'étaient adressés pour en obtenir
des jouissances vives et durables : la
plupart étaient incapables de vivre
d'une autre vie que la vie naturelle;
tous achetaient à beaux deniers
comptans ces plaisirs des sens aux-
quels succédaient périodiquement

l'ennui et le dégoût. C'est là ce qui fait qu'un boutiquier se décide si difficilement à fermer boutique quand il est devenu riche. *Il faut bien faire quelque chose!* c'est le refrain ordinaire de ces pauvres hères qui n'imaginent pas que l'on puisse faire quelque chose ici-bas sans remuer bras et jambes, ruser, dissimuler, tromper; faire pencher la balance au détriment de l'acheteur, lui vendre de l'Elbœuf pour du Louviers, prêter à la petite semaine, etc., etc., etc.

Ainsi, par exemple, Julien, après avoir passé quelques jours dans son village, commença à sentir les terribles atteintes de l'ennui; il bâillait, le pauvre garçon, ni plus ni moins qu'un manœuvre sans emploi, et il se disait de temps à autre :

—Sacre-dieu! je n'aurais jamais cru que le métier de millionnaire fût si embêtant! On a bien raison de dire que tous tant que nous sommes nous avons été créés et mis au monde pour faire quelque chose. Tant que j'ai fait de l'équilibre, autrement dit de la réforme, j'ai été heureux comme un roi; et maintenant que je puis vivre comme

un coq en pâte, je m'embête essen-
tiellement et cordialement. C'est
bien dommage qu'il soit si difficile
de faire de l'équilibre tout seul.....
Mais après tout, il n'y a pas que ce
métier-là au monde; et quand on a
l'avantage d'être un richard comme
je le suis, on peut choisir.......
Voyons, qu'est-ce que je ferai avec
ces six cent mille francs qui dor-
ment là dans ma malle sous clefs,
cadenas, verroux et barreaux?... Je
sais bien que je pourrais être mar-
guillier, sénateur, conseiller d'état
ou garde-champêtre; ce sont des
métiers qui se vendent, et je suis
assez riche pour les acheter; mais

ça n'est pas assez rustique... il me
faut du rustique à moi..... Eh bien,
qu'est-ce qui m'empêche de me
faire entrepreneur de maçonnerie,
de charpente, etc., etc... J'achète
du terrain, je bâtis des maisons, et
je les vends le double de ce qu'elles
m'auront coûté... ça n'est pas difficile, et ça doit être amusant.

Julien s'attacha à cette idée qui
lui parut lumineuse, et il se hâta
de mettre ce beau projet à exécu-
tion. Tout alla à merveille d'abord;
les maisons s'élevaient comme par
enchantement autour de Julien;
mais le coffre du nouvel entrepre-

neur, bien que parfaitement garni,
n'était pas inépuisable ; il fallut
emprunter, payer de gros intérêts,
et quand il fut question de réaliser ;
les belles constructions de Julien
ne produisirent que ce qu'il fallait
pour acquitter les dettes contrac-
tées. Julien fut d'abord étourdi du
coup ; car il ne lui était jamais venu
à l'esprit qu'un millionnaire pût se
ruiner.

— Et pourtant, se disait-il, il
n'y a pas à barguigner ; je ne sais pas
trop comment ça s'est fait ; mais il
est clair que je ne possède plus
rien... Ma foi, après tout, il n'y a

pas grand mal; je serais mort d'ennui avec ces tas de louis, et j'ai encore envie de vivre... Je vais à Paris, je retrouve quelques camarades ennuyés ou ruinés, et nous refaisons de l'équilibre. Je parierais bien qu'ils ne demandent pas mieux, et peut-être même qu'ils ne m'ont pas attendu pour recommencer à mettre la main à la pâte. Cet écervelé de Victor pourra bien lui-même mettre de l'eau dans son vin, et il n'est pas impossible qu'il sente le besoin de revoir ses vieux amis. J'ai dans l'idée que tout ça s'arrangera.

Julien ne se trompait guère;

presque tous ses camarades s'é-
taient jetés à corps perdu dans les
excès de toute espèce ; les uns n'a-
vaient plus rien, les autres achevaient de se ruiner. Guillaume,
l'une des fortes têtes de la bande,
avait, en moins d'un an, joué et
perdu des sommes énormes ; et il
ne vivait maintenant que des secours qu'il recevait de sa fille,
Aline. Quant à cette dernière, elle
avait tenu parole, et s'était livrée
à la plus hideuse débauche ; c'é-
tait par les excès les plus mons-
trueux qu'elle cherchait à s'étour-
dir. Que lui importaient beauté,

jeunesse, fraîcheur ?... Elle voulait
devenir laide, et vieillir vite, afin
de justifier l'abandon de Victor, de
cet homme qui eût pu en faire un
ange, l'élever des profondeurs du
vice à la vertu la plus pure. Et cependant, malgré cette sale débauche, ces orgies de chaque jour, ces
nuits sans sommeil, Aline était toujours jolie. C'était toujours la fraîche jeune fille, au visage riant, au
coup d'œil agaçant ; c'était toujours
la bonne et bienfaisante jeune fille,
cherchant les occasions de faire
quelque bien : la fange qui couvrait
cette rose n'avait pu la flétrir.

Ce fut d'abord à Guillaume que Julien s'adressa :

— Diable ! mon ancien, lui dit-il, il paraît que nous n'avons pas fait de meilleure besogne l'un que l'autre, et qu'on mange un million tout aussi vite à Paris qu'en province,

— Que veux-tu, mon garçon ? la force de l'habitude. On a beau avoir de lourdes sacoches, à force d'y prendre et de n'y rien mettre, on finit par voir le fond.

— Et il y a déjà long-temps que

vous avez vu ça, papa Guillaume?

— Déjà plus d'un an... mais aussi que le diable confonde cet original de Plantard, qui nous plante là, comme si nous n'avions plus qu'à reverdir, à propos de bottes et en pleine veine. Il est la cause que nous sommes tous malheureux aujourd'hui, et que ma fille fait des bêtises... Cette pauvre Aline qui y allait si bon jeu et bon argent !...

— Eh bien, sacre-dieu ! père Guillaume, est-ce que nous ne sommes plus des hommes ? Un homme en vaut un autre, et l'affaire peut s'ar-

ranger.... Vous dites donc que tous
nos anciens camarades sont dans le
pétrin ?.... Tant mieux ! ils seront
plus disposés à entendre raison, et
nous remonterons la machine....
En votre qualité de doyen, vous
serez notre chef, et en avant la réforme !.... Il est vrai que trois ans
de repos, ça doit avoir un peu gâté
la main aux plus malins ; mais avec
un peu de toupet, beaucoup de
bonne volonté, de la discrétion et
de l'union, ça reviendra... J'ai encore quelques pièces de vingt fr. ;
cherchons les amis, réunissons-les,
et tâchons de débuter par un coup

d'éclat... Moi, voyez-vous, j'ai de
la tête quand il le faut...

La proposition était trop du goût
du vieux Guillaume, pour qu'il ne
s'empressât pas de l'accepter; et,
en deux jours, il parvint à réunir
les deux tiers de la bande qu'avait
commandée Victor. Tous ces hommes se trouvaient à peu près dans
la même situation : les sommes
énormes qu'ils avaient possédées
s'étaient trouvées prodiguées, gas-
pillées en quelques mois. Ils en
avaient agi comme de braves cor-
saires qui, à terre, mangent en
une nuit le prix de six mois de

course, de combats, de dangers de
toute espèce, et qui jouissent vite
de peur de ne pouvoir jouir long-
temps. Ils étaient donc, non-
seulement disposés à prêter l'oreille
aux propositions que Guillaume
avait à leur faire, mais encore fort
impatiens de mettre la main à l'œuvre. Tout fut donc accepté à l'una-
nimité, et Guillaume, nommé président par acclamation, vit encore
s'ouvrir devant lui, malgré son âge
avancé, un avenir de fortune et de
joyeuse vie.

Cependant, malgré les excellen-
tes dispositions dont elle était ani-

mée, la société ne tarda pas à reconnaître qu'il était fort difficile de
faire quelque chose avec rien. Comment, en effet, se ménager des in-
telligences dans les maisons opu-
lentes, sans argent? comment connaître les êtres de ces maisons, et
se procurer des empreintes, sans
avoir les moyens d'y pénétrer ?...
L'argent est le nerf de la guerre,
et cette bande qui déclarait de nouveau la guerre à la société, man-
quait absolument de ce puissant le-
vier. Les quelques louis de Julien
avaient été bien promptement dis-
sipés, et malgré les efforts d'Aline
qui multipliait les ressources pour

aider ses anciens amis, on ne faisait que végéter. De grands dangers, les expéditions les plus périlleuses n'amenaient que les plus chétifs résultats. Au bout de six mois, le quart des membres de la société était au bagne, un autre quart attendait dans les prisons que leur sort fût décidé, et les deux autres quarts dînaient fort mal, buvaient de l'eau et manquaient de souliers.

—Nom de Dieu ! disait Julien, qui, après avoir passé vingt-quatre heures sans manger, en était réduit à assaisonner d'une gousse d'ail

une croûte de pain dur. Nom de
Dieu ! on ne me fera pas accroire
que ça puisse s'appeler de l'équilibre ! J'aimerais mieux reprendre
la pelle et la pioche, et laisser le
monde comme il est, que de faire
de la réforme à ce prix-là.... On a
bien raison de dire que quand la
tête manque, le reste ne vaut pas
grand'chose. Guillaume est un
brave homme ; mais ça n'a pas plus
de génie que dessus ma main. Avec
Victor, il ne nous eût pas fallu six
semaines pour nous faire des oreil-
lers avec des billets de banque...
Qui est-ce qui sait ! peut-être qu'il
est au bout de son rouleau, aussi-

bien que nous; et j'ai dans l'idée
que s'il savait où nous retrouver...
Diable ! après tout, il n'est pas
fondu, ce jeune homme, et nous
avons eu tort de ne pas commencer
par le commencement. Il fallait le
chercher d'abord. Eh bien, sacre-
dieu ! cherchons-le, et quand nous
l'aurons trouvé, il faudra qu'il
vienne, ou qu'il dise pourquoi...

Enchanté d'avoir trouvé cette
idée, Julien courut chez Aline
pour la lui communiquer. Ce fut
une étincelle qu'il jeta dans une
poudrière. La jeune fille n'avait pu
parvenir à éteindre son amour dans

cette fange où elle s'était jetée ;
plus que jamais elle aimait Victor,
et cet amour qu'elle n'avait com-
primé qu'après de violens efforts,
et à l'aide d'horribles moyens,
n'attendait qu'un mot pour faire
explosion.

—Oh! oui, oui, nous le retrouverons ! s'écria-t-elle ; nous le retrouverons, et il me pardonnera ;
car je n'ai pas cessé de l'aimer...
Ah! je suis bien coupable ; mais je
suis encore plus malheureuse !...
Et lui, ne m'a-t-il pas abandonnée
sans m'adresser un seul mot de con-
solation ? ne m'a-t-il pas, sans pi-

tié, enfoncé le poignard dans le
cœur, dans ce cœur que je m'effor-
çais de purifier, et que j'avais eu
tant de bonheur à lui donner?...
Victor, tu as été bien cruel! eh
bien, je te pardonne, et je t'aime
encore comme le premier jour....
je t'aime d'amour, mon ange chéri! je t'aime comme je n'aimai,
comme je n'aimerai jamais un autre que toi...

— Bien, bien, nous savons tout
ça, interrompit Julien, et certainement l'amour est une belle chose;
mais l'argent a son prix, d'autant
plus que l'un est l'assaisonnement

indispensable de l'autre. Or, l'argent ne se fabrique pas avec des paroles; c'est de l'action qu'il nous faut, du toupet, de l'adresse et un peu de patience, toutes choses indispensables pour retrouver notre brave président... qui a bien quelques petits torts... quitter comme ça de bons enfans qui se seraient fait hacher pour lui...

— Oui, oui, nous le retrouverons, s'écria de nouveau Aline ; laissez-moi faire, et j'espère qu'avant la fin du jour j'aurai recueilli assez de renseignemens pour que nous

puissions commencer nos recherches.

— A la bonne heure! voilà qui
est parler. C'est déjà une bonne
nouvelle que je vais annoncer aux
amis, afin de leur faire prendre patience.

La tête d'une femme comme
Aline ne pouvait manquer d'être
fertile en expédiens; aussi cette
singulière fille n'eut-elle pas
besoin de réfléchir long-temps.
Elle se rappela cette madame Andrew, la brodeuse, qui avait disparu presque en même temps que

Victor, et rassemblant tous ses souvenirs, elle reconnut qu'il y avait là une coïncidence extraordinaire.

Jusqu'au jour où il avait visité cette femme, Victor avait eu l'humeur égale ; il avait semblé chaque jour travailler avec plus d'ardeur à cette folle réforme ; et lui, si franc, si naïf, jamais il ne lui était échappé un mot qui eût pu faire présumer qu'il songeât à rompre la société ; puis, tout-à-coup, il rompt violemment et disparaît ; et cette femme dénuée de ressources, ne vivant qu'avec peine du travail de ses mains, cette femme aussi disparaît, au moment même où elle vient de trouver dans Aline une amie riche et généreuse, dont les bienfaits doivent la mettre au-dessus du besoin !.... Accablée d'abord par la perte de son amant, anéantie par ce coup terrible qui lui enlevait les joies et les plaisirs de ce monde, elle n'avait pu faire ces rapprochemens ; et depuis, plongée constamment dans la débauche, et n'ayant qu'à de rares intervalles quelques lueurs de raison, elle avait oublié ces circonstances. Mais maintenant que l'espoir renaissait dans son cœur, les moyens de retrouver cet

homme qu'elle avait tant aimé,
qu'elle aimait tant, ces moyens se
présentaient en foule à son esprit,
et il lui semblait impossible que ses
recherches n'eussent pas les plus
heureux résultats. Elle courut donc
à la maison où avait demeuré cette
dame Andrew, et, grâce à la discrétion ordinaire des portiers, cette
première démarche ne fut pas in-
fructueuse.

— Oui, oui, je sais ce que vous
voulez dire, répondit l'honnête cer-
bère aux premières questions; vous
voulez parler de cette particulière

qui faisait l'anglaise et qui ne l'était
pas plus que vous et moi...

— Ah! ce n'était pas...

— C'était une baronne, ni plus
ni moins; la baronne de..... atten-
dez donc... Vernance, c'est ça, la
baronne de Vernance, une émi-
grée... Je m'en étais douté dès le
commencement, et si j'avais été
officier municipal comme dans le
temps..... mais ça ne se trouvait
plus dans mes attributions indivi-
duelles. Toujours est-il que j'avais
deviné juste; j'avais flairé l'aristo-
crate, et un peu plus tard la chose.

a prouvé que j'avais eu le nez fin.
Il nous est venu des lettres pour la
particulière ; je les ai reçues pour
le bon motif, pensant bien qu'un
jour ou l'autre elle nous ferait savoir son nouveau domicile ; mais
quand j'ai vu qu'au bout d'un an je
n'étais pas plus avancé, j'ai voulu
en avoir pour mon argent : j'avais
payé le port des babillardes, je les
ai lues, c'était bien naturel ; et voilà
comment j'ai su le fin mot.

—C'était la baronne de Vernance !.....

—Comme j'ai celui de vous le
dire.

— J'aurais dû le deviner!... O mon Victor, je te pardonne!

— Tiens! Victor... c'est justement le nom du particulier avec lequel elle est montée en voiture, après avoir payé le propriétaire et vendu ses meubles..... Le diable m'emporte! je crois qu'elle disait aussi *mon Victor*... alors il paraîtrait que ce Victor-là est le Victor de tout le monde... Ça n'est pas l'embarras... un joli garçon tout de même! l'air un peu triste, et.... Mon Dieu! la petite mère, il ne faut pas vous faire de mal pour si peu de chose... je sais bien que le

sentiment..... oh! je connais ça,
moi!...

— Ils sont montés en voiture,
dites-vous ?

— Et une fameuse voiture je
dis!... une chaise de poste toute
neuve... ça n'était pas de la petite
bière... et qui filait bon train, puisque le surlendemain, Germain,
mon filleul, qui avait abandonné le
tire-pied pour devenir le valet de
chambre d'un commissaire des guer-
res, a rencontré l'anglaise pour rire
au Havre, à l'hôtel de la Croix-
d'Or...

— O mon ami ! je vous remercie... Continuez ; ensuite ?...

— Comment ensuite ? est-ce que vous croyez que j'ai l'esprit devin ?.. Ensuite je n'en sais pas davantage, et voilà.

— Et vous n'en avez pas entendu parler depuis ?

— Pas le moins du monde. Mais il ne faut pas être malin pour deviner que votre Victor, qui était le Victor de toutes deux, est devenu son Victor à elle toute seule, et alors je comprends la vexation ; mais il n'y a pas si loin d'ici au Havre, et l'hôtel de la Croix-d'Or ne peut pas être difficile à trouver. Les paroles s'envolent, mais les écrits restent, et les registres d'un hôtel garni servent à quelque chose..... Comprenez-vous la parabole ?...

Aline avait compris tout cela avant que le portier en eût dit un mot ; et il n'avait pas achevé, que déjà elle avait disparu. Le soir même les membres de la société furent réunis ; on mit tout en œuvre pour se procurer une somme convenable, et dès le lendemain Julien et Aline partirent pour le Havre.

—

CHAPITRE VI.

Rechute.

———

VICTOR et Lucie vivaient de cette vie d'ange, rêve délicieux dont ils avaient fait une réalité. Victor ne franchissait que bien rarement les limites de ses domaines; il était si bien chez lui, si heureux près de Lucie; et la société lui semblait si hideuse depuis qu'il avait appris à s'en passer !....

Un jour, cependant, qu'il avait long-temps chassé dans le parc sans avoir pu tirer une pièce de gibier à sa convenance, l'envie lui prit de franchir la grille et de courir un peu à travers champs; ce devait être là un plaisir d'autant plus grand qu'il était neuf, en quelque sorte; et puis au fond de toutes choses, c'était toujours Lucie qu'il voyait. Offrir à

Lucie quelque belle pièce de gibier, lui faire admirer son adresse, recevoir pour récompense un baiser de plus que de coutume, n'était-ce pas là des voluptés capables de faire tout braver.

Victor franchit la grille, et à peine eut-il fait quelques pas hors de cette enceinte, qu'il se crut dans un monde nouveau; il lui semblait respirer plus librement; le gazon lui semblait plus voluptueux; il le foulait avec un plaisir tel qu'il n'en avait point ressenti depuis long-temps; enfin il goûtait ce plaisir indéfinissable que ressent après quelques

années de captivité un malheureux
qui devient libre... O faiblesse humaine! c'est bien avec toi, par toi
ou à cause de toi que les extrêmes
se touchent!....

Il faisait un temps admirable,
l'air était embaumé; Victor s'éloi-
gnait joyeux de son habitation si
riante, qui depuis quelques minutes
lui paraissait si triste, et il s'avançait rapidement dans le sentier si-
nueux qui conduisait à la forêt voisine, lorsqu'il s'arrêta tout à coup;
il pâlit, ses genoux fléchirent : à dix
pas de lui, sur le milieu du chemin,

il venait de voir une femme, et cette
apparition lui semblait surnaturelle.

— Oh! ne tremble pas, mon
Victor, s'écria Aline... C'est bien
moi ; moi, la femme que tu as aimée ;
moi, la femme qui t'aimera toujours.
Mon Dieu! je suis donc bien horrible?... Tu avais tant de plaisir autrefois à coller tes lèvres sur les miennes... Oh! je t'en conjure au nom
de Dieu! pardonne-moi comme je
te pardonne, et aime-moi comme je
n'ai jamais cesser de t'aimer... Oh!
je suis bien coupable!.... Oui, oui,
c'est ma faute ; pourquoi n'ai-je pas
été toujours digne de ton amour?..

Grâce! grâce! Victor, ne me maudis pas!... Mon Dieu! pour tant
d'amour, je ne te demande qu'un
peu de pitié!...

Plantard n'en pouvait plus douter,
c'était bien Aline; Aline cette bonne
et généreuse fille qui sur un mot et
sans hésiter lui eût fait le sacrifice
de sa vie; Aline qui l'avait arraché
aux tortures d'une captivité sans fin,
et dans les bras de laquelle il avait
passé tant de délicieux instans!...
Oh! comme alors le souvenir du
passé vint bouleverser son cerveau!
comme l'amour, les regrets, la
crainte, l'espérance se pressèrent et

se confondirent dans son cœur! Car c'était bien là Aline; Aline, la fraîche, voluptueuse et lascive jeune fille qui s'était donnée à lui corps et âme dans des jours mauvais, alors que, pilote téméraire, il s'avançait vers un monde inconnu sur une mer semée d'écueils; c'était bien la jeune fille qui lui avait voué tout ce que le cœur d'une femme peut contenir d'amour, dans un temps où la société tout entière n'avait pas assez de haine pour le maudire, assez de lois atroces pour l'atteindre, assez de bourreaux pour le frapper... Qu'était l'amour de Lucie en comparaison de cet amour brûlant, corrosif,

inextinguible, qui s'exalte et grandit
en raison des difficultés et des obs-
tacles qu'il rencontre? Toutes ces
réflexions se résumèrent chez Victor
en un sentiment impétueux dont rien
ne pouvait empêcher l'explosion.

— Aline! s'écria-t-il en lui tendant les bras ; mon Aline, est-ce
bien toi ?.. Oh! viens, viens sur mon
cœur !.. sur ce cœur qui t'appartient
à si juste titre!.. Aline! tu es un
ange, et je suis un monstre!...

Et en parlant ainsi il tenait la
jeune fille dans ses bras, et la pressait contre son cœur... Bon Dieu!

ces lèvres vermeilles qui brûlaient
les lèvres de Victor, c'étaient les
lèvres d'une prostituée!... Moralis-
tes, ceci est votre condamnation.
Stupides ! vous avez voulu que le
cœur se conformât aux raisonnemens
du cerveau ! Matière, vous voulez
tout réduire aux proportions de la
matière, et vous divinisez la raison
qui dit : deux et deux font quatre...
O matière inerte! qu'on est heureux,
lorsqu'on vous entend, de croire que
la création n'est pas finie!.. Combien serait chétive la puissance de
Dieu, si tous ses efforts devaient
aboutir à la création de semblables
animaux!..O mon Dieu! je proclame

votre puissance infinie, et je vous
adore; mais je nierais cette puissance
et je vous maudirais, si je pouvais
croire que l'homme fût la créature
la plus parfaite qui pût sortir de vos
mains!.. Non, la création n'est pas
finie!....

L'enthousiasme était si grand, que
la réaction ne pouvait se faire attendre long-temps; elle fut prompte en
effet : il pensa à Lucie, et cette pensée se posa sur son cœur comme un
poids de glace qui en comprima les
battemens. Les bras qui étreignaient
si fortement la jeune fille faiblirent
tout à coup; son œil d'aigle se baissa

vers la terre, et il laissa tomber sa tête sur sa poitrine.

— Oh! viens, viens, dit Aline en essayant de l'entraîner; viens, et que rien désormais ne puisse nous séparer!.....

— Aline, dit-il, j'ai renoncé au monde; je l'ai abandonné pour n'y rentrer jamais...

— Oui, je comprends; *elle* te tient lieu du monde entier... De quoi me plaindrais-je? elle est pure, et tu l'aimais avant que de me connaître....

Et son beau visage, que tous les feux de l'amour animaient tout à l'heure, pâlit, se glaça; ses genoux fléchirent, et elle tomba aux pieds de Victor, qui s'empressa de la relever. En ce moment parut Julien, qui avait consenti à se tenir à l'écart d'abord, mais qui venait de reconnaître la nécessité de se montrer, et de faire succéder quelques paroles énergiques aux propos d'amour qui ne pouvaient que compromettre le succès de leur démarche.

— Il ne s'agit pas ici d'enfantillages, dit-il en s'avançant brusquement; nous sommes las de souffrir, et nous ne souffrons que parce que vous nous avez abandonnés.

— Qu'est-ce à dire ? ne suis-je pas le maître de vivre à ma guise ?

— Laissez donc tranquille, monsieur Victor ! Est-ce que nous ne sommes plus des hommes, donc ? est-ce que nous ne pensons plus comme des hommes ?... est-ce que nous ne sommes plus les vrais amis de la réforme ?..... est-ce que nous avons renoncé à faire de l'équilibre ?

— Tu feras tout ce que tu voudras, Julien.

— Eh bien, c'est de l'équilibre que je veux..... c'est-à-dire, que nous voulons faire ; car toute la société est d'accord. Vive la joie et l'équilibre ! nous ne connaissons que ça... Et j'espère que vous ne vous en plaindrez pas, puisque c'est vous qui l'avez inventé...

— Je ne m'en plains pas, mais je veux vivre à mon gré.

— Laissez donc tranquille, monsieur Victor ; est-ce que les amis des amis ne sont plus nos amis, donc ?.... D'abord, nous sommes pour l'équilibre, c'est convenu ;

c'est-à-dire, que nous ne voulons pas que tout soit d'un côté, et rien de l'autre ; que ceux-ci possèdent, et que ceux-là ne possèdent point : or, maintenant, vous êtes de ceux qui possèdent, et nous de ceux qui ne possèdent pas...

— N'est-ce que cela ? ne vous faut-il que de l'or ? Parle, Julien, combien veut-on pour ma rançon ?

— Ah ça ! monsieur Victor, sur quelle herbe avez-vous donc marché ? on dirait que vous revenez de l'autre monde !... Puisqu'il faut absolument vous dire le fond de la

III. 8

chose, vous saurez que, depuis que
vous nous avez quittés, nous n'a-
vons fait que des bêtises ; c'est au
point que nous en avons par-dessus
la tête. Là-dessus la société, qui ne
savait plus sur quel pied danser, a
regardé derrière elle, et nous avons
reconnu généralement que nous
n'étions bêtes que parce que nous
n'étions plus commandés par un
homme d'esprit ; alors il a été décidé que nous chercherions l'homme
d'esprit, que nous le trouverions
mort ou vif, et que nous l'amène-
rions de gré ou de force à Paris,
au milieu de ses vieux amis, qui
sont toujours les mêmes, et prêts

à se faire couper en quatre pour lui faire plaisir.... Vous devez bien comprendre que ce n'est pas à votre argent qu'on en veut : quand vous nous donneriez un million, dix millions, trente millions, nous les mangerions comme nous avons fait, et nous n'en serions pas plus avancés.

— Et c'est par la violence que vous espérez...

— Dam ! que voulez-vous que je vous dise ? il a été décidé que si vous refusiez absolument de revenir parmi nous, vous seriez livré et perdu...

— Misérables !....

— Mais songez donc que tout ça
est dans vos intérêts, et d'ailleurs la
constitution est là, et c'est vous qui
l'avez faite... Ce qui est certain,
c'est que l'équilibre est notre élément, que nous ne pouvons pas vivre sans faire de l'équilibre, et que
nous ne pouvons pas faire de l'équilibre sans vous... Du reste, monsieur
Victor, c'est toujours comme autrefois, nous serons à vous à la vie à la
mort....

Victor semblait frappé de stupeur
et il était incapable de bien juger sa

situation. Il appuya son front sur ses deux mains comme pour se recueillir un instant; mais Aline, qui s'était promptement remise, s'élança vers lui et se jeta dans ses bras, en s'écriant :

— Oh! je t'en supplie, viens..... Comme je t'aimerai! comme je serai heureuse d'être encore à toi, de vivre pour toi, pour te voir, t'entendre, t'obéir et t'aimer!...

Et les lèvres brûlantes de la jeune fille se collèrent sur celles de Victor.

— C'est qu'il n'y a pas de milieu,

reprit Julien ; être le maître absolu, avoir à vos ordres trente esclaves dévoués, ou aller au bagne où vous trouverez quelques uns des nôtres, qui n'y seraient pas si vous ne nous aviez pas abandonnés si brusquement ; et Dieu sait les bénédictions que vous entendrez là !....

Il se fit encore un instant de silence ; puis Victor dit :

— Mais au moins cela ne peut être aujourd'hui ; je veux avoir le temps de me préparer... Je ne puis disparaître si brusquement.

— Au contraire, répliqua Julien, c'est bien le cas de battre le fer tandis qu'il est chaud : si vous le laissiez refroidir, il faudrait le chauffer de nouveau ; ça serait toujours à recommencer, et nous sommes pressés de terminer cette affaire.

— Encore faut-il faire le voyage, et j'ai sur moi fort peu d'argent.

— Bon, bon ; une fois que vous serez avec nous, rien ne vous manquera ; nous ferons, s'il le faut, de l'équilibre en chemin... D'ailleurs, comme je vous le disais tout à l'heure, il n'y a pas de milieu : vous serez dans dix minutes, avec nous, sur la route de Paris, ou dans dix minutes les gendarmes cerneront votre maison; et s'ils ne vous arrêtent pas, c'est que vous aurez pris la fuite; et dans ce cas-là, il est certain que vous ne rencontreriez d'aussi bons amis que nous.

Tandis que Julien parlait ainsi, la jeune fille tenait toujours Victor enlacé dans ses bras; elle pleurait, priait, souriait tour à tour.

— Le sort en est jeté, s'écria enfin Plantard, je vous suivrai!

Et une heure après ils étaient tous trois au Havre; le soir même la diligence les emportait vers Paris.

—

CHAPITRE VII.

Amour et Dévotion.

—

Madame de Vernance passa une
journée terrible; la nuit qui suivit
fut plus affreuse encore. Victor

n'avait point reparu, et toutes les recherches avaient été inutiles. Seulement on avait retrouvé près de la
grile du parc, son fusil, sa carnas-
sière et le reste de son équipage de
chasse, et cela n'avait fait qu'augmenter les inquiétudes, en rendant inex-
plicable la disparition de Plantard.

Au point du jour, le plus violent
désespoir s'empara de la tendre
baronne; elle ne pleurait plus, mais
tous ses muscles étaient contractés,
ses yeux hagards; elle marchait violemment dans sa chambre, pro-
nonçait quelques phrases inintelli-
gibles, et faisait de temps en temps

tous ses efforts pour échapper à la
garde de sa femme de chambre et
d'un domestique qui refusaient de
la laisser sortir. Cet état était trop
violent pour pouvoir durer; mais
l'abattement qui devait succéder à
cette exaltation n'était pas moins à
craindre, et l'on attendait avec im-
patience l'arrivée du médecin que
l'on avait fait appeler, lorsqu'un
commissionnaire de la ville se présenta. Il apportait une lettre.

— C'est de lui ! C'est de Victor !
s'écria la baronne.

Et rompant bien vite le cachet,
elle lut :

« J'avais vainement espéré pou-
« voir échapper à la fatalité qui me
« poursuit depuis si long-temps;
« elle ne me laissait goûter le bon-
« heur que pour rendre mes regrets
« plus amers..... Je n'étais pas fait
« pour tant de délices; et il faut
« bien le dire, Lucie, je te trom-
« pais... Tu croyais en moi; j'étais
« à tes yeux pur et plein d'hon-
« neur; tu vantais ma générosité,
« ma grandeur d'âme.... j'étais
« l'homme que tu avais rêvé,
« l'homme selon ton cœur, et il ne
« te venait même pas à la pensée
« que ces richesses que je prodi-
« guais, à l'aide desquelles je vou-

« lais augmenter ton bonheur, pus-
« sent avoir une source moins pure
« que notre amour....

« Et pourtant, Lucie, l'homme
« que tu as tant aimé, tu vas le
« maudire; cet homme n'était, n'est,
« ne peut être désormais qu'un chef
« de bandits; cette fortune dont il
« se montrait prodigue, était le
« bien d'autrui... O mon ange bien
« aimé! non, ne me maudis pas...
« Je t'aimais tant! j'avais tant souf-
« fert! la société est si hideuse! ses
« institutions si froidement atro-
« ces!... Ce monde, je le détestai;
« ces institutions, je les méprisai :

« je voulus avoir place au banquèt

« de la vie, et me révoltai à la

« pensée qu'il me faudrait attendre

« que quelques miettes tombassent

« de la table du riche.... Je me fis

« voleur !... je m'attachai à dépouil-

« ler le riche pour secourir le pau-

« vre; je volai des millions, et fus

« peut-être pendant quelque temps

« l'un des hommes les plus puis-

« sans du monde ; car je commandais

« à des hommes dévoués, et je ne te-

« nais mes pouvoirs que de leur

« volonté.... Mais il ne faut pas se

« faire illusion, Lucie, je n'étais,

« je ne suis qu'un bandit !.... Mes

« complices me redemandent; il

« faut que ma destinée s'accom-
« plisse !

« Adieu donc, âme de ma vie !
« Je te devais cet aveu terrible :
« tu me regretteras moins, mainte-
« nant que tu sais que je m'étais
« rendu indigne de toi.... Adieu !
« je te rends tes sermens. Puisses-tu
« vivre désormais heureuse et tran-
« quille; quant à moi, désormais,
« je ne puis plus que souffrir et
« mourir. Adieu ! je ne veux plus
« te souiller de mes baisers ; et c'est
« dans un monde meilleur que j'es-
« père te revoir et obtenir mon
« pardon. »

En achevant cette lecture, la baronne s'évanouit, et ce ne fut pas sans beaucoup de peine que l'on parvint à lui faire recouvrer l'usage de ses sens. Lorsque le médecin arriva, une fièvre violente avait déjà succédé à un abattement de quelques instans; dès la fin de ce jour il y eut délire, et le docteur déclara qu'il y avait danger de mort. La malade demeura long-temps dans cette situation; mais, grâce à sa jeunesse, à une bonne constitution, et aux soins qui lui furent prodigués, le danger disparut enfin, et la convalescence commença.

La première fois qu'il lui fut permis de quitter le lit, madame de Vernance voulut qu'on la conduisît dans une petite chapelle qu'elle avait fait construire au milieu du parc, et où elle avait l'habitude de prier.

— Mon Dieu, dit-elle, la punition que vous m'avez infligée est terrible; mais je l'ai méritée pour avoir méprisé vos saints commandemens; pardonnez-moi, ô mon Dieu! et je tâcherai de racheter mes fautes par la pénitence.

Dès ce moment, elle fut tout-à-

fait calme; des idées nouvelles s'é-
taient emparé de son esprit; elle
comprit que l'amour chaste et pur
de la créature pour le créateur était
le seul amour qu'elle pût ressentir
désormais, et cet amour devait être
la base de toutes ses actions.

On se rappelle que les propriétés
avaient été acquises sous son nom,
et l'argent placé de la même manière. La baronne vendit tout ce
qu'elle possédait à ce titre, se fit
rembourser les sommes prêtées, con-
gédia ses trois domestiques, et se
rendit à Paris.

A cette époque quelques commu-

nautés de femmes commençaient à
se former ; mais elles étaient presque toutes fort pauvres, et elles n'a-
vaient rien à espérer de la munifi-
cence du gouvernement. Ce fut de
ce côté que se portèrent les sympa-
thies de la tendre Lucie ; et après
avoir pris des renseignemens con-
venables, elle se fit conduire à la
communauté des Dames de Miséricorde. Un jeune prêtre se trouvait
près de la supérieure lorsque celle-
ci reçut la baronne.

— Madame, dit cette dernière,
des coups terribles ont été portés
depuis quinze ans à notre sainte re-

ligion; je me trouverais fort heureuse de pouvoir contribuer à lui
rendre quelque splendeur, et c'est
avec cette intention et dans cet espoir que j'ai pris la liberté de me
présenter ici.

— Oh! oui, madame, des coups
terribles... L'ange exterminateur a
long-temps frappé et dispersé le saint
troupeau, mais la colère de Dieu s'est
enfin apaisée; les pasteurs et brebis
se réunissent, et celles-ci seraient
bien plus nombreuses si nos moyens
étaient plus grands.

— Cela viendra, madame, dit le

jeune prêtre; la religion va se relever plus puissante que jamais. Malheur aux athées ! leur heure sonnera
bientôt.

— Mon intention, reprit madame
de Vernance, serait de donner à
la communauté qui me recevrait
comme pensionnaire la fortune que
je possède, et qui peut s'élever à un
million.

— Un million! cria l'abbesse en
ouvrant de grands yeux et tendant
les bras; sainte Vierge Marie! n'est-
ce pas un rêve!....

— Mais, dit le jeune prêtre, cette

somme énorme pourrait être uti-
lement divisée.... Nos églises sont
nues; nous manquons des choses les
plus indispensables à la célébration
des saints mystères....

—Monsieur l'abbé, répliqua sè-
chement la supérieure, c'est là de
l'ingratitude : depuis six mois, nous
nous sommes imposé toutes sortes
de privations pour vous fournir des
ornemens; nous avons quêté à trois
reprises dans tout le quartier, quoique cela ne soit pas sans danger, pour
les frais du culte, pour les pauvres,
pour les prisonniers, et le tout vous
a été remis pour l'employer le plus

convenablement... Il n'y a pas huit jours de cela, et vous semblez l'avoir oublié.

L'abbé se mordit les lèvres, et regretta fort d'avoir provoqué cette sortie, qui pouvait donner à la baronne une singulière idée de la probité de ces saintes filles qui employaient dévotement l'argent des pauvres à acheter de aubes et des surplis à de jeunes et jolis garçons de vingt-cinq ans, tout nouvellement ordonnés, et qui semblaient destinés à continuer cette race d'abbés coquets qui, avant la révolution, papillonnaient dans tous les

salons, allaient à l'opéra, et comp-
taient par douzaines leurs affaires
de cœur. Il n'en fut rien, cependant; madame de Vernance était
trop favorablement prévenue en
faveur de ces religieuses pour que
son opinion fût ébranlée par ces
quelques mots, et sa résolution
était trop bien prise pour qu'elle
en changeât. Et puis, devenue dé-
vote, ne devait-elle pas sentir et
penser comme les dévotes? Habiller
les abbés, cela ne devrait-il pas être
œuvre pie à ses yeux? Hélas! il n'é-
tait que trop vrai qu'elle sentait et
pensait ainsi maintenant! Il semblait que les ressorts de cette âme,

naguère si aimante, eussent été bri-
sés par la violente commotion que
leur avait causée le terrible aveu
de Victor. Les craintes de l'abbé
cessèrent ; la colère de la supérieure
se calma, et la baronne reprit :

— Un million. Mais cet argent a
besoin d'être purifié, et c'est pour
cela que je vous le destine.

Ce besoin de purification qu'a-
vaient les écus, faillit faire éclater
de rire le jeune abbé, et ce fut prin-
cipalement dans cette circonstance
que la religieuse montra toute la

supériorité de son sexe en pareille matière.

— Avec l'aide de Dieu, madame, dit-elle d'un air solennel, nous parviendrons à vous satisfaire. Je vais dès aujourd'hui vous faire préparer un appartement convenable, et vous pourrez faire dresser le contrat quand il vous plaira.

Trois jours après, madame de Vernance était en pension chez les Dames de Miséricorde, et dès le lendemain il y avait, chez le curé de la paroisse, grande assemblée pour délibérer sur l'emploi que l'on fe-

rait d'un don si magnifique. Six semaines s'étaient à peine écoulées,
que déjà la communauté s'était re-
crutée d'une douzaine de fraîches,
jeunes et jolies filles, et que tous
les prêtres de la paroisse avaient
des surplis garnis en point d'Angle-
terre..... Le million commençait à
se purifier!...

FIN DU TROISIÈME VOLUME.

TABLE DES CHAPITRES

CONTENUS DANS LE TROISIÈME VOLUME.

———

FIN DE LA TABLE.